À Manu, qui m'accompagne depuis vingt ans
au bout du monde et de mes rêves.

Sophie

Pour Jeanne, Lucien et Julien,
tous trois dans mon cœur, ici et jusqu'au bout du monde.

Aurélie

Certifié PEFC
Ce produit est issu de forêts gérées durablement et de sources contrôlées
PEFC
PEFC/46-31-13
www.pefc.ro

Couvent Sainte-Cécile, 37 rue Servan, 38000 Grenoble
Loi n°49 956 du 16 juillet 1949 sur les publications destinées à la jeunesse
modifiée par la loi n°2011-565 du 17 mai 2011

Dépôt légal : août 2024
ISBN : 978-2-344-05525-0 / 001
Achevé d'imprimer en Roumanie en mars 2024 par Rotolito Romania S.A.,
sur papier provenant de forêts gérées de manière durable.

Sophie Blitman

Aurélie Castex

LE TOUR DU MONDE DES BOUTS DU MONDE

UN DOCUMENTAIRE POUR EXPLORER 19 SITES EXCEPTIONNELS

Glénat jeunesse

OCÉAN
AMÉRIQUE DU NORD
OCÉAN ATLANTIQUE
EUROPE
OCÉAN PACIFIQUE
AFRIQUE
AMÉRIQUE DU SUD
OCÉAN ATLANTIQUE
OCÉA
L'AN
0
3000
6000 km
0
3000 miles
1
2
4
5
6
8
9
10
11
12
13
15
16
17
18
19

CES LIEUX REDOUTÉS DES NAVIGATEURS

1. Le cap de Bonne-Espérance
2. Le cap Horn
3. Le cap Leeuwin
4. Le Pot au Noir
5. Les quarantièmes rugissants

INCROYABLES DÉCOUVERTES

6. Le cap Nord
7. Le cap Ratmanoff
8. Le cap Cod
9. Le détroit de Magellan
10. Le passage du Nord-Ouest
11. Le détroit de Béring

DES SYMBOLES CHARGÉS D'HISTOIRE ET DE LÉGENDES

12. Le Triangle des Bermudes
13. Le point Nemo
14. Le cap Reinga
15. La pointe du Raz
16. Le détroit de Gibraltar
17. Le détroit de Messine
18. Les Dardanelles
19. Le détroit du Bosphore

LE CAP DE BONNE-ESPÉRANCE

LE CAP DES TEMPÊTES

AFRIQUE DU SUD

Malgré son nom plein de douceur, le cap de Bonne-Espérance est une zone tumultueuse, traversée par de puissants courants et balayée par des vagues tout aussi violentes.

UNE NAVIGATION RISQUÉE

Battu par les vents, le cap de Bonne-Espérance offre le paysage impressionnant d'une falaise contre laquelle les vagues viennent se fracasser, les unes après les autres. En effet, la rencontre d'un courant chaud de l'océan Indien avec les eaux froides de l'Atlantique crée une agitation permanente et même, parfois, des tourbillons qui s'étendent sur plusieurs kilomètres! Si des colonies de manchots vivent paisiblement sur la côte, des milliers de bateaux se sont échoués sur les rochers au fil des siècles et, encore aujourd'hui, cette route maritime reste redoutée des navigateurs les plus expérimentés.

LE MYSTÉRIEUX *HOLLANDAIS VOLANT*

Les légendes de la mer évoquent parfois des vaisseaux fantômes, ces navires maudits condamnés à errer sans fin sur les flots. *Le Hollandais volant* est le plus célèbre d'entre eux: à la fin du XVIIIe siècle, l'explorateur écossais John MacDonald dit avoir aperçu cet équipage fantôme, entouré d'une étrange lumière. On raconte alors qu'il aurait fait naufrage au large du cap de Bonne-Espérance, par une terrible nuit d'orage, à cause de son capitaine, hollandais, qui aurait voulu accoster malgré le danger. Fascinant, le récit est publié dans un journal quelques années plus tard et inspire même un opéra de Richard Wagner.

ENCORE PLUS AU SUD

Contrairement à ce que l'on pense souvent, le cap de Bonne-Espérance n'est pas le point le plus au sud du continent africain : cette place revient au cap des Aiguilles, à 170 kilomètres de là. Un phare y a été construit pour marquer la séparation officielle entre l'océan Atlantique et l'océan Indien.

LE CAP DE BONNE-ESPÉRANCE DÉCOUVERTE HISTORIQUE

SUR LA ROUTE DES INDES

À la fin du XVe siècle, le royaume du Portugal décide de lancer une expédition pour relier directement l'Europe à l'Inde par la mer: toute une aventure! En effet, le projet est de contourner l'Afrique par le sud alors même que l'on ignore les dimensions exactes du continent...

L'explorateur Bartolomeu Dias entreprend le voyage. En 1488, il franchit la pointe sud de l'Afrique qu'il surnomme « le cap des Tempêtes », tant les conditions de navigation sont difficiles! D'ailleurs, le voyage est si éprouvant que son équipage se révolte: alors que le bateau remonte la côte est de l'Afrique, sans aucune terre en vue, les marins, épuisés, refusent d'aller plus loin. Bartolomeu Dias n'a pas d'autre choix que de faire demi-tour.

LA TRAVERSÉE DE VASCO DE GAMA

Malgré le relatif échec de Bartolomeu Dias, le roi du Portugal, Jean II, reste convaincu que cette route maritime mènera un jour à l'Inde et à ses richesses: plein d'espoir, il rebaptise donc le cap des Tempêtes pour l'appeler « cap de Bonne-Espérance ».

Si le souverain meurt sans voir son rêve se réaliser, l'avenir lui donne raison: en juillet 1497, le navigateur Vasco de Gama quitte le Portugal et dépasse le cap au mois de novembre. Cette fois, la flotte poursuit son voyage et accoste à Calicut en mai 1498: Vasco de Gama est le premier Européen à atteindre l'Inde par la mer! Sa découverte lui vaut d'être accueilli en héros, anobli, puis nommé vice-roi des Indes.

LOINTAINES ÉPICES

Poivre, anis, cumin, gingembre... Depuis l'Antiquité, les épices originaires d'Asie font le bonheur des Européens: on s'en sert pour assaisonner les plats et leur donner un délicieux goût exotique. Certaines sont aussi utilisées comme médicament: le poivre, par exemple, est réputé efficace contre la toux, et la cannelle contre la fièvre. Celle-ci, utilisée comme encens, parfume agréablement l'intérieur des maisons.

Cependant, ces épices lointaines coûtent cher: le voyage jusqu'en Inde se fait par la route et il faut non seulement payer les marchands qui les rapportent mais aussi verser des taxes aux pays traversés. Passer par le cap de Bonne-Espérance va permettre aux négociants de faire des économies.

UNE VOIE OUVERTE VERS LA COLONISATION

La nouvelle route maritime rend les pays asiatiques plus accessibles aux Européens, qui ne se contentent pas de développer le commerce : ils vont coloniser ces régions pour profiter de leurs richesses.

LE CANAL DE SUEZ : UN ITINÉRAIRE BIS

Pendant les siècles qui suivent sa découverte, le cap de Bonne-Espérance permet aux navires européens de rejoindre l'Asie. Mais à quel prix ! Le voyage est aussi long que périlleux.

Assez vite, on imagine creuser un canal entre la Méditerranée et la mer Rouge. Cependant il faut attendre le XIXe siècle pour que le projet aboutisse : construit sous la direction d'un Français, Ferdinand de Lesseps, le canal de Suez permet de réduire à la fois le trajet et les dangers.

LE CAP HORN

L'EVEREST DES MARINS

CHILI

« La Terre de Feu » : c'est ainsi qu'on appelle l'ensemble des îles qui s'éparpillent en archipel, à la pointe sud de l'Amérique. Tout au bout de l'une d'elles, l'île d'Horn, se dresse l'un des passages en mer les plus difficiles au monde.

ISOLEMENT PRESQUE TOTAL

C'est le point le plus au sud de l'Amérique du Sud : haute de 425 mètres, la falaise rocheuse du cap Horn surplombe la mer démontée. Régulièrement, la lumière blanche d'un phare éclaire l'horizon, sous la surveillance de son gardien.

Avec sa famille, ils sont les seuls habitants permanents de l'île d'Horn. L'été, des touristes venus en Zodiac débarquent quelques heures sur cette terre mythique. L'hiver, le bateau de ravitaillement est le seul qui accoste ici, une fois tous les deux mois.

DES ÉLÉMENTS DÉCHAÎNÉS

Des rafales de vent d'une rare violence et d'énormes vagues pouvant atteindre 10, 20, voire 30 mètres de haut : comme souvent sous ces latitudes des cinquantièmes hurlants, les éléments se déchaînent. C'est là que se trouve le cap Horn, à la rencontre de trois océans : l'Atlantique, le Pacifique et l'Austral. D'ailleurs, des icebergs flottent parfois ici et là... Car l'Antarctique n'est pas très loin : selon les endroits, entre 650 et 1 000 kilomètres séparent le cap Horn du continent blanc, soit à peine la taille de la France.

UN SYMBOLE FORT DES COURSES À LA VOILE

Malgré les appareils de navigation sophistiqués dont ils disposent, les skippers qui font le tour du monde à la voile considèrent le cap Horn comme un véritable défi. Ils l'appellent aussi « le cap dur » ou encore « l'Everest des mers », car son passage est réputé aussi difficile que l'ascension de ce sommet, le plus haut du monde.

OURAGAN DE VENT ET D'EAU

EN 1832, LE BIOLOGISTE CHARLES DARWIN ATTEINT LE CAP HORN LORS D'UNE EXPÉDITION QU'IL RACONTE DANS SON *VOYAGE D'UN NATURALISTE AUTOUR DU MONDE* :

« VERS TROIS HEURES, NOUS DOUBLONS LE CAP HORN, BATTU PAR LES TEMPÊTES. LA SOIRÉE EST ADMIRABLEMENT CALME, ET NOUS POUVONS JOUIR DU MAGNIFIQUE SPECTACLE QU'OFFRENT LES ÎLES VOISINES. MAIS LE CAP HORN SEMBLE EXIGER QUE NOUS LUI PAYIONS SON TRIBUT, ET, AVANT QU'IL SOIT NUIT CLOSE, IL NOUS ENVOIE UNE EFFROYABLE TEMPÊTE QUI SOUFFLE JUSTE EN FACE DE NOUS. NOUS DEVONS GAGNER LA HAUTE MER, ET, LE LENDEMAIN, EN NOUS APPROCHANT À NOUVEAU DE LA TERRE, NOUS APERCEVONS CE FAMEUX PROMONTOIRE, MAIS CETTE FOIS AVEC TOUS LES CARACTÈRES QUI LUI CONVIENNENT, C'EST-À-DIRE ENVELOPPÉ DE BROUILLARDS ET ENTOURÉ D'UN VÉRITABLE OURAGAN DE VENT ET D'EAU. »

LE CAP HORN
DE LA DÉCOUVERTE À L'ÉVITEMENT

À LA RECHERCHE D'UNE NOUVELLE ROUTE COMMERCIALE

C'était il y a plus de quatre cents ans : deux navigateurs hollandais franchissent en 1616 un cap qu'ils baptisent Horn en hommage à la ville hollandaise (Hoorn) qui a financé leur voyage. Les commerçants et les représentants de la ville espèrent en effet trouver un nouvel itinéraire, plus rapide et plus sûr, pour transporter les marchandises entre l'Europe et le Pacifique. Les marins, eux, ont le goût de l'aventure.

DANGEREUX PASSAGE DU « DRAGON »

Au large du cap Horn, Willem Schouten est le premier à emprunter le large bras de mer qui sépare la côte sud-américaine et l'Antarctique. Il l'appelle le « passage de Drake », en référence à l'explorateur britannique du XVIe siècle Francis Drake. Surnommé « le dragon », ce corsaire avait repéré cette voie périlleuse, sans toutefois se risquer à l'emprunter. D'une profondeur moyenne de plus de 3 000 mètres, le passage de Drake est traversé par le courant circumpolaire, qui fait le tour du pôle Sud et constitue le courant marin le plus puissant du globe !

INNOMBRABLES NAUFRAGES

Malgré les dangers de la navigation, les navires marchands suivent cette route commerciale pendant des siècles, chargés de céréales, de coton ou d'or. Beaucoup y font naufrage, ce qui vaut au lieu le triste surnom de « cimetière marin ». Sans en connaître leur nombre exact, on estime que des milliers de marins ont péri au cap Horn.

UN CANAL POUR ÉVITER LE CAP HORN

Au niveau du Panama, seule une fine bande de terre sépare les océans Atlantique et Pacifique : pourquoi donc ne pas creuser un canal qui faciliterait la navigation ? Une idée brillante… mais extrêmement compliquée à réaliser d'un point de vue technique !

À la fin du XIXe siècle, des ingénieurs français se penchent sur le projet. Parmi eux, Ferdinand de Lesseps, qui a déjà construit le canal de Suez, et Gustave Eiffel, architecte de la célèbre tour. Gigantesque, le chantier est finalement achevé par des équipes américaines et le canal de Panama peut ouvrir en 1914. Dorénavant, seuls les aventuriers se risquent au cap Horn.

PANAMA
MER DES ANTILLES
Canal de Panama
VENEZUELA
AMERIQU
DU SUD
BRÉSIL
BOLIVIE
CHILI
PARAGUAY
URUGUAY
RGENTINE
CANAL DE PANA
MER DES ANTILLES
OCÉAN PACIFIQUE
PANAMA
Comte de Lesseps

LE CAP LEEUWIN

PETIT FRÈRE MÉCONNU DES GRANDS CAPS

AUSTRALIE

Moins célèbre que Bonne-Espérance et Horn, le cap Leeuwin, à l'extrémité du continent australien, est l'un des trois grands caps de l'hémisphère Sud.

UN CARTOGRAPHE PASSIONNÉ

À la fin du XVIIIe siècle, l'Australie est surtout peuplée par des tribus de chasseurs-cueilleurs nomades, les Aborigènes, et une grande partie du pays est encore inconnue des Européens. L'explorateur et cartographe britannique Matthew Flinders est le premier à faire le tour complet de l'île-continent, dont il dessine la carte. En 1801, il franchit un cap qu'il appelle Leeuwin (« Lionne ») en mémoire du navire néerlandais qui l'avait découvert par hasard en 1622 sans lui donner de nom.

AIDE À LA NAVIGATION

Au sud-ouest de l'Australie, la région du cap Leeuwin fait partie des nombreuses zones semi-arides et peu peuplées du pays. Ajoutez à cela une mer hachée, avec des vagues qui viennent de directions différentes, et vous comprendrez que la plupart des bateaux ne s'approchent guère des côtes par ici. Mais cela ne les empêche pas d'avoir besoin de repères pour s'orienter !

Depuis la fin du XIXe siècle, ils peuvent compter sur le phare du cap Leeuwin : toute en pierres, cette tour ronde les guide du haut de ses 39 mètres.

TROISIÈME GRAND CAP POUR LES SKIPPERS

Il n'est ni le plus dangereux ni le plus mythique des « caps du bout du monde » : Leeuwin s'est fait connaître à mesure que les courses à la voile sont devenues populaires. Aujourd'hui, il est, avec le cap Horn et celui de Bonne-Espérance, le troisième cap franchi par les navigateurs et navigatrices qui entreprennent un tour du monde.

L'OCÉAN INDIEN, PAS ENCORE LE PACIFIQUE

Beaucoup pensent que le cap Leeuwin marque la séparation entre l'océan Indien et le Pacifique, eh bien non ! Officiellement, la limite se trouve un peu plus à l'est, au niveau du cap du Sud-Est, en Tasmanie.

Au cœur du « Pays de l'ombre »

Armel Tripon, navigateur vainqueur de la Route du Rhum en 2018 :

« Quand on tourne autour du monde, il y a trois caps et chacun a son importance. Leeuwin marque le début de l'éloignement : bientôt, on va entrer dans le Pacifique, aux antipodes de la France. On sait qu'on passe le cap grâce à la carte, mais, du bateau, on ne le voit pas : il n'y a que l'océan à perte de vue. Il fait froid et même si ce territoire n'est pas le plus risqué, on a toujours au fond de soi une part d'inquiétude. Car dans les mers du Sud, dans ce pays de l'ombre, on ne peut compter que sur soi-même. »

LE POT AU NOIR

LÀ OÙ TOUT PEUT ARRIVER

OCÉAN ATLANTIQUE

Autour de l'Équateur, le Pot au Noir permet de passer d'un hémisphère à l'autre: une traversée symbolique mais qui se passe rarement comme prévu. Car ici, le temps peut changer d'une seconde à l'autre...

UNE MÉTÉO IMPRÉVISIBLE

Quand ils s'éloignent des côtes africaines pour rejoindre le Brésil, les navigateurs scrutent l'horizon: ils guettent les épais nuages qui signalent l'entrée dans le Pot au Noir. Large de quelques centaines de kilomètres, cette zone intertropicale forme une ceinture tout autour du globe, au niveau de l'Équateur. Cependant, elle est difficile à situer précisément car elle se déplace en fonction de la position du soleil.

Surtout, la météo y est terriblement capricieuse: une mer calme peut se déchaîner d'un coup et des trombes d'eau se mettre à tomber d'un ciel soudain parsemé d'éclairs... Aucun skipper, même le plus expérimenté, ne sait comment va se dérouler la traversée.

RENCONTRE D'ALIZÉS

Le Pot au Noir marque la rencontre des vents alizés du Nord et de ceux venus du Sud. Résultat: ça souffle dans toutes les directions! Sous les nuages, les bourrasques peuvent atteindre jusqu'à 90 kilomètres/heures! En revanche, ailleurs, les vents sont plutôt faibles, voire carrément inexistants.

Lors des courses à la voile, certains navigateurs bataillent pendant plusieurs jours dans des tourbillons tandis que d'autres, au contraire, cherchent avec impatience la brise qui leur permettra d'avancer...

Cette zone peut également se révéler dangereuse pour les avions: tristement célèbre, le vol Air France Rio-Paris a été pris dans un violent orage au-dessus du Pot au Noir le 1er juin 2009 et s'est abîmé dans l'océan, provoquant la mort de 228 personnes.

UN BIEN DRÔLE DE NOM

On ne sait pas exactement pourquoi le Pot au Noir s'appelle ainsi. Certains pensent que les navigateurs portugais, les premiers à s'aventurer dans cette zone de l'Atlantique, auraient choisi ce nom il y a cinq cents ans à cause des nuages sombres et menaçants.

Pour d'autres historiens, le mot fait référence au jeu colin-maillard, dans lequel un joueur doit attraper les autres alors qu'il a les yeux bandés : « Gare le pot-au-noir ! » criait-on pour le prévenir qu'il risquait de se cogner. Un danger toutefois moins grand que celui d'une mer démontée !

UN VRAI DÉFI PSYCHOLOGIQUE

CLARISSE CRÉMER, NAVIGATRICE DÉTENTRICE DU RECORD FÉMININ DU VENDÉE GLOBE :

« J'AI TRAVERSÉ QUATRE FOIS LE POT AU NOIR ET C'EST TOUJOURS UNE EXPÉRIENCE ÉPROUVANTE : ON DORT PEU ET PAR PETITES TRANCHES CAR IL FAUT RESTER AUX AGUETS. LE VENT PEUT SE LEVER D'UN COUP DANS UN SENS, PUIS DANS L'AUTRE, PUIS RETOMBER ET NOUS EMPÊCHER D'AVANCER PENDANT DES HEURES.
IL N'Y A PLUS AUCUNE LOGIQUE !
LA HOULE N'EST PAS TRÈS IMPRESSIONNANTE, MAIS LE CIEL, LUI, PEUT L'ÊTRE AVEC DES ÉCLAIRS DIGNES D'UN DÉCOR D'APOCALYPSE, COMME SI UNE FORCE SURNATURELLE S'ABATTAIT SUR NOUS... SI L'ON EST FIERS DE PASSER L'ÉQUATEUR, ON EST SURTOUT CONTENTS DE SORTIR DE LÀ ! »

LES QUARANTIÈMES RUGISSANTS

ET AUTRES TERREURS DES MERS DU SUD

HÉMISPHÈRE SUD

Situés entre les 40ᵉ et 50ᵉ parallèles au sud de l'Équateur, c'est-à-dire à une latitude comprise entre 40 et 50 degrés sud, les quarantièmes rugissants doivent leur nom aux vents violents qui y soufflent et rendent ces contrées aussi menaçantes que fascinantes.

DES VENTS QUE RIEN N'ARRÊTE

Contrairement à ce qui se passe dans l'hémisphère Nord où l'Europe, l'Amérique du Nord et l'Asie ralentissent les mouvements d'air, les vents du Sud déferlent sans qu'aucune terre émergée ou presque ne vienne leur faire barrage. En provenance de l'Ouest, ils créent un fort courant marin qui tourne autour de l'Antarctique dans le sens des aiguilles d'une montre : le circumpolaire rend la navigation extrêmement périlleuse.

APRÈS LES 40ᴱ, LES 50ᴱ ET LES 60ᴱ

Au-delà des quarantièmes rugissants, les cinquantièmes hurlants désignent la zone située entre les 50ᵉ et 60ᵉ parallèles de l'hémisphère Sud. Ensuite, ceux-ci laissent la place aux soixantièmes mugissants, également appelés « stridents » ou « sifflants ». Des noms plus effrayants les uns que les autres, à l'image des tempêtes qui sévissent dans ces régions.

SURVEILLANCE SPATIALE

En plus d'être agitées, les mers du Sud réservent un autre danger : les icebergs. Alors que plusieurs millions d'entre eux flottent autour de l'Antarctique, des experts scrutent les images envoyées par des satellites et définissent une zone que les skippers doivent absolument éviter lors des courses à la voile.

IMPRESSIONNANTS MURS D'EAU

Dans cette région de l'hémisphère Sud, il arrive de voir surgir tout à coup d'immenses vagues, de 20 ou 30 mètres de haut, c'est-à-dire de la taille d'un immeuble de 10 étages ! On les appelle « vagues scélérates », ou « vagues tueuses » car de nombreux marins sont morts à cause d'elles.

Dangereuses et imprévisibles, elles apparaissent aussi bien pendant une tempête que sur une mer calme. Les chercheurs pensent qu'elles se forment quand plusieurs vagues de vitesses et de directions différentes se rencontrent.

« WINDY WELLI »

Wellington, ou « Windy Welli », comme on la surnomme (ce qui signifie « Welli la venteuse »), est située sur le détroit de Cook qui sépare les deux îles de la Nouvelle-Zélande, l'île du Nord et l'île du Sud. C'est la ville la plus venteuse du monde, et pour cause : Wellington se trouve dans les quarantièmes rugissants. Les vents y soufflent à 130 kilomètres/heures en moyenne : autant qu'une voiture filant sur l'autoroute !

La baie constitue un endroit idéal pour faire du surf, à condition de se méfier des trop grosses vagues.

LE CAP NORD

UN SPECTACLE SAISISSANT

NORVÈGE

Tout au nord de la Norvège, sur l'île de Mager, des falaises de 300 mètres de haut tombent à pic dans la mer: longtemps considéré comme la fin du monde, le cap Nord est, encore aujourd'hui, un lieu fascinant qui attire de nombreux visiteurs.

UN CLIMAT EXTRÊME

Avec -3 °C en moyenne l'hiver et des températures qui descendent jusqu'à -15 ou -20 °C, le climat du cap Nord est plus que rigoureux ! L'été, il fait tout de même autour de 10 °C. Mais mieux vaut bien se couvrir car, quelle que soit la saison, le vent peut être glacial, sans compter le brouillard qui enveloppe souvent le paysage. Peu de végétation peut pousser dans un endroit aussi extrême. Comme beaucoup de régions boréales, l'île de Mager, dont le nom signifie d'ailleurs « aride », est majoritairement couverte de mousses et de lichens qui forment la toundra.

JOUR ET NUIT POLAIRES

L'été, au-delà du cercle polaire, le soleil ne se couche pas : il fait donc jour tout le temps ! Au cap Nord, ce « jour polaire » comme on l'appelle, dure de mi-mai à fin juillet. On parle aussi de « soleil de minuit » car l'astre reste visible à cette heure tardive.

À l'inverse, la « nuit polaire » est cette période d'hiver de deux mois au cours de laquelle le soleil ne se lève pas. Une faible lumière éclaire tout de même le ciel, mais seulement pendant quelques heures. Le reste du temps, le cap est plongé dans une profonde obscurité.

REFUGE POUR LES OISEAUX

La réserve naturelle de Gjesværstappan abrite des centaines de milliers d'oiseaux marins qui installent leur nid sur les falaises rocheuses. Parmi eux, des mouettes et des cormorans, mais aussi de petits pingouins, des fous de Bassan ou encore des macareux, reconnaissables à leur gros bec bleu et orange qui leur vaut le surnom de « clowns des mers ».

SYMBOLES

La « terre finale » : voilà comment on a appelé le cap Nord pendant des siècles. De là à penser que ceux qui franchissaient ce bout du monde allaient en enfer, il n'y avait qu'un pas... Aujourd'hui débarrassé de ces sombres légendes, le cap Nord reste un lieu mythique.

LE CAP NORD UN INTÉRÊT MARQUÉ, D'HIER À AUJOURD'HUI

DÉCOUVERTE ANGLAISE

Rejoindre la Chine depuis l'Europe par le nord : tel est l'objectif d'une expédition anglaise qui part à l'assaut des mers froides au XVIe siècle. Sur les trois navires, deux font naufrage et seul celui conduit par Richard Chancellor passe les îles norvégiennes.

C'est lui qui décide d'appeler cet endroit « le cap Nord », avant d'accoster en Russie. Finalement, le capitaine ne poursuit pas jusqu'en Asie, mais la découverte de ce nouvel itinéraire permet de développer le commerce entre l'Angleterre et la Russie.

BATAILLE NAVALE

Point de passage entre l'Europe et la Russie, le cap Nord occupe une position stratégique dont l'importance a notamment été révélée lors de la Seconde Guerre mondiale : en 1943, le Royaume-Uni veut aider l'Union soviétique en lui apportant des armes par bateaux, mais ceux-ci se heurtent à la résistance de l'armée allemande. Une bataille navale s'engage alors au large du cap Nord. Victorieuse, la marine britannique peut livrer les armes, ce qui marque un tournant décisif dans le conflit.

UN CAP RAPIDEMENT TOURISTIQUE

Avec ses falaises abruptes, le cap Nord offre un spectacle impressionnant, à tel point que des visites sont organisées dès la fin du XIXe siècle, à une époque où le tourisme tel qu'on le connaît aujourd'hui n'existait pourtant pas : les voyageurs montent à bord de l'Express côtier, un bateau qui longe les côtes norvégiennes sur 2 700 kilomètres. Il faut cependant encore attendre cinquante ans pour qu'une route soit construite et permette de rejoindre le cap en voiture.

UNE EXTRÉMITÉ DE PLUS EN PLUS ACCESSIBLE

À la fin du XXe siècle, le gouvernement norvégien décide de construire une route pour relier l'île de Mager au continent : le « tunnel du cap Nord » est creusé sous la mer, à 200 mètres de profondeur, sur une longueur de 7 kilomètres. Désormais, les touristes peuvent donc venir en bateau ou en voiture. Sur place, des salles d'exposition sont creusées dans la roche pour les accueillir, et ils sont nombreux : pas moins de 200 000 chaque année !

LE « VRAI » CAP NORD

Malgré son nom, le cap Nord n'est pas le point le plus au nord de l'Europe : le Knivskjellodden se situe encore plus haut, à un kilomètre et demi de là. En plus d'avoir un nom compliqué à prononcer, cette avancée de terre n'est pas accessible par la route : il faut marcher cinq ou six heures sur un sentier caillouteux pour l'atteindre. On comprend pourquoi le cap Nord reste plus populaire !

LE CAP RATMANOFF

UNE OASIS DE BIODIVERSITÉ

ÎLES KERGUELEN

Dans le sud de l'océan Indien, les îles sont peu nombreuses et l'archipel des Kerguelen fait le bonheur des animaux terrestres : les oiseaux en particulier viennent nicher et pondre leurs œufs, sous le regard discret des scientifiques.

UNE LONGUE TRAVERSÉE

Peu de personnes mettent le pied au cap Ratmanoff, et pour cause : s'y rendre est une véritable expédition ! Depuis La Réunion, les voyageurs embarquent sur le *Marion Dufresne*, un navire qui assure le ravitaillement des terres australes et antarctiques françaises. Direction la base scientifique de Port-aux-Français : une traversée de 3 500 kilomètres, parcourus en dix jours. Il faut ensuite compter une journée de marche pour atteindre le cap Ratmanoff, à une trentaine de kilomètres de la base.

OBSERVATION SCIENTIFIQUE

Trois cabanes, au confort minimal, ont été aménagées pour accueillir les chercheurs. Parmi elles, « le guetteur » : construit au bord de la plage et doté de grandes baies vitrées, c'est le refuge idéal pour observer les manchots royaux. Car même s'il ne fait pas aussi froid qu'en Antarctique, le vent souffle et mieux vaut avoir un endroit pour se mettre à l'abri ! Sur la grande plage de sable noir, on ne voit qu'eux : 350 000 manchots royaux vivent au cap Ratmanoff. C'est l'une des plus grandes colonies au monde.

DES MANCHOTS ROYAUX PAR MILLIERS

L'été, les manchots adultes pondent et couvent leurs œufs, puis, quand ceux-ci ont éclos, ils partent chercher de la nourriture tandis que les poussins restent à la colonie. Quand les parents reviennent, ils chantent pour retrouver leur poussin. Ils lui glissent alors un calamar ou un poisson-lanterne dans le bec, puis repartent. Il faut plus d'un an pour que les poussins soient capables de se nourrir seuls.

ET À PART LES MANCHOTS ?

De gros éléphants de mer se rassemblent aussi sur la plage de Ratmanoff, survolée par de majestueux albatros. Le plus grand d'entre eux, l'albatros hurleur, atteint 3,5 mètres d'envergure les ailes déployées et peut vivre jusqu'à 80 ans.

UN SENTIMENT D'AVENTURE

CÉLINE LE BOHEC, CHERCHEUSE EN BIOLOGIE, SPÉCIALISTE DES MANCHOTS D'ANTARCTIQUE :

« QUAND LE BATEAU REPART, ON SE SENT VRAIMENT AU BOUT DU MONDE : IMAGINEZ TROIS ÊTRES HUMAINS AUX CÔTÉS DE CENTAINES DE MILLIERS D'OISEAUX… VIVRE QUELQUES SEMAINES OU MOIS À RATMANOFF, C'EST S'IMMERGER COMPLÈTEMENT DANS CETTE FAUNE : ON PASSE NOS JOURNÉES À ÉTUDIER LES MANCHOTS, À LES MESURER ET LES PESER. ON LES MANIPULE EN SILENCE POUR LES PERTURBER LE MOINS POSSIBLE. CE TYPE D'EXPÉDITION A QUELQUE CHOSE DE MAGIQUE ! »

LE CAP COD

BERCEAU SYMBOLIQUE DE L'AMÉRIQUE

ÉTATS-UNIS

Avec ses plages de sable fin qui s'étendent à perte de vue, le cap Cod fait aujourd'hui le bonheur des touristes qui s'y pressent en été. Mais c'est aussi un lieu mythique de l'histoire américaine.

L'ÉPOPÉE DU *MAYFLOWER*

On les appelle « les pères pèlerins ». Persécutés en Angleterre, des protestants très stricts se rassemblent et quittent le pays, dans l'espoir de pratiquer leur religion plus librement ailleurs. En septembre 1620, ils embarquent sur un majestueux trois-mâts, le *Mayflower*: direction le « Nouveau Monde », autrement dit les États-Unis.

Après soixante-cinq jours d'une traversée mouvementée, les 70 passagers et l'équipage accostent dans la baie du cap Cod, à Plymouth, et fondent une colonie qui s'étend peu à peu. D'autres Européens vivaient déjà en Amérique mais cet épisode prend une dimension symbolique car les pères pèlerins incarnent la liberté.

AUX ORIGINES DE *THANKSGIVING*

Le débarquement des pères pèlerins a donné lieu à l'une des fêtes américaines les plus populaires: un an après leur installation, les colons partagent un grand repas avec les Amérindiens pour célébrer leurs premières récoltes. Cette tradition se poursuit d'année en année, sous le nom de « Thanksgiving ».

DE LA MORUE AUX REQUINS BLANCS

En anglais, *Cape Cod* signifie « le cap aux morues » car on les trouve en abondance dans cette région de l'Atlantique. Les amateurs de poissons peuvent aussi déguster toutes sortes de coquillages et de crustacés, à commencer par le homard.

D'autres animaux marins, beaucoup plus gros, vivent également ici : des dauphins et des baleines, ainsi que des phoques, suivis de près par leurs prédateurs, les grands requins blancs, qui s'aventurent parfois près du rivage...

C'est pour préserver la biodiversité et la beauté de cette région que le président américain John F. Kennedy a fait du cap Cod une réserve naturelle protégée, en 1961.

LE DÉTROIT DE MAGELLAN

DE LA DÉCOUVERTE À L'EXPLOIT

CHILI

Il y a cinq cents ans, la découverte de ce passage naturel étroit, qui relie les océans Atlantique et Pacifique, a donné lieu à un voyage historique.

LA ROUTE DE L'OUEST

Marin expérimenté, Fernand de Magellan en est convaincu : depuis l'Europe, il existe un moyen d'atteindre l'Asie en passant non pas par l'océan Indien à l'est, mais par l'Amérique du Sud, à l'ouest. Reste à trouver ce passage...

Plus d'un an après avoir quitté l'Espagne, l'explorateur portugais finit par découvrir le détroit tant recherché. Un mois est encore nécessaire aux navires pour trouver leur chemin dans ce labyrinthe de canaux.

UN TOUR DU MONDE INATTENDU

Magellan pensait simplement faire un aller-retour jusqu'à l'archipel des Moluques, l'actuelle Indonésie. Hélas ! Rien ne se passe comme prévu et les épreuves s'accumulent : courants mauvais, maladies, rébellion de l'équipage, affrontement avec des populations locales...

Alors que Magellan est tué en Asie, Juan Sebastián Elcano lui succède. Plutôt que de retourner sur ses pas, il décide de passer par l'océan Indien et accomplit ainsi le premier tour du monde en bateau !

« PACIFIQUE », VRAIMENT ?

Après la traversée tumultueuse du détroit, Magellan arrive sur un océan si calme qu'il lui donne le nom de « Pacifique ». En réalité, ces eaux n'ont rien de paisibles : Magellan a simplement eu de la chance avec la météo !

LE PASSAGE DU NORD-OUEST

UNE PÉRILLEUSE ÉPOPÉE

OCÉAN ARCTIQUE

La perspective de relier les océans Atlantique et Pacifique, en se frayant un passage au milieu des glaces, entre les îles arctiques, a fait rêver les Européens pendant des siècles. De nombreux explorateurs s'y sont aventurés, parfois au péril de leur vie.

DES ANNÉES D'EXPLORATION DANS L'ARCTIQUE

Mais si, il doit bien exister une voie navigable qui relie l'Europe et l'Asie par le Nord ! Dès la fin du XVe siècle, les Anglais organisent des expéditions et promettent une belle récompense aux navigateurs qui trouveront un passage à travers l'Arctique.

Cependant, la banquise constitue un obstacle de taille pour les marins qui peinent à se frayer un chemin entre les îles et les icebergs. Si peu à peu, les cartes de la région se précisent, les voyages se succèdent pendant quatre cents ans sans que personne ne réussisse la traversée.

LES DISPARUS DE L'EXPÉDITION FRANKLIN

En mai 1845, une centaine d'hommes conduits par le capitaine John Franklin quittent l'Angleterre pour tenter, à leur tour, de découvrir le fameux passage du Nord-Ouest. Ils ne manquent ni d'expérience ni de réserves de nourriture. Et pourtant, ils disparaissent mystérieusement…

Aujourd'hui, on sait que leurs navires ont été piégés par la glace et qu'aucun membre de l'équipage n'a survécu dans le froid arctique. Les épaves, quant à elles, n'ont été retrouvées qu'en 2014 et 2016, et n'ont pas encore révélé tous leurs secrets.

L'EXPLOIT DE ROALD AMUNDSEN

Finalement, c'est un jeune explorateur norvégien qui traverse le premier le passage du Nord-Ouest, en 1905. Roald Amundsen a minutieusement préparé son expédition : il a des vêtements de fourrure, des chiens de traîneaux et de la nourriture pour cinq ans. Surtout, il a choisi un bateau de pêche, beaucoup plus petit que ceux des expéditions précédentes, à même de se faufiler entre les glaces.

Si le voyage est un succès, il n'en reste pas moins terriblement éprouvant, mais à son retour, Roald Amundsen est accueilli en véritable héros.

UN PASSAGE DE MOINS EN MOINS GLACÉ

Depuis une vingtaine d'années, la température à la surface de la Terre augmente considérablement et ce réchauffement climatique a des effets négatifs sur l'environnement. En particulier, l'océan Arctique gèle moins qu'avant et la surface de la banquise diminue.

Si la fonte de la glace pose problème aux animaux qui y vivent, elle rend aussi le passage du Nord-Ouest plus navigable : une nouvelle route commerciale entre l'Amérique et l'Asie pourrait se développer d'ici vingt ou trente ans. En évitant aux bateaux de faire le tour par le canal de Panama, elle leur ferait économiser plusieurs milliers de kilomètres.

LE DÉTROIT DE BÉRING

D'UN CONTINENT À L'AUTRE

MER DES TCHOUKTCHES ET MER DE BÉRING

Étroit bras de mer entre les océans Arctique et Pacifique, le détroit de Béring constitue une frontière géographique, mais aussi politique et symbolique.

EAU, GLACE OU TERRE

Seuls 85 kilomètres séparent la Sibérie et l'Alaska, c'est-à-dire aussi deux continents : l'Asie et l'Amérique. Froides et peu profondes, les eaux du détroit de Béring sont gelées plus de la moitié de l'année.

Il y a environ 20 000 ans, ce n'était pas de l'eau ni de la glace, mais de la terre qui reliait les deux continents. Les archéologues pensent que certains de nos ancêtres ont traversé ce pont terrestre pour passer d'Asie en Amérique.

EXPÉDITION RUSSE

Trouver où commence l'Amérique : voilà la mission que Pierre Le Grand, tsar de Russie, confie au capitaine Vitus Béring, il y a trois cents ans. Le marin se lance donc dans une grande expédition. Deux ans et 6 000 kilomètres plus tard, son navire traverse le détroit : Béring en conclut que l'Amérique et l'Asie sont séparées par la mer. Mission accomplie !

UNE CÉLÉBRITÉ NON MÉRITÉE?

Vitus Béring n'est pas le premier à avoir traversé l'étroit bras de mer: quatre-vingts ans plus tôt, un autre navigateur, Semen Dejnev, aurait pu donner son nom au détroit… si son rapport avait été lu avec plus d'attention. Mais il a été enfoui dans des archives et c'est l'expédition de Béring que l'Histoire a retenue.

D'UN JOUR À L'AUTRE

Au milieu du détroit de Béring émergent deux îles: Petite Diomède et Grande Diomède. La première est américaine, la seconde russe. Elles ne sont distantes que de 3 kilomètres mais un fuseau horaire passe entre elles, et pas n'importe lequel: celui qui marque le changement de date!

Ainsi, quand c'est dimanche sur Petite Diomède, surnommée «l'île d'hier», c'est déjà lundi sur Grande Diomède, également appelée «l'île de demain».

UN PASSAGE STRATÉGIQUE

Frontière entre les États-Unis et la Russie, le détroit de Béring a une importance stratégique. Pendant la Seconde Guerre mondiale, il permet aux deux armées alliées de communiquer entre elles. En revanche, dans les années qui suivent, les relations entre les deux pays se tendent: elles deviennent aussi froides que le climat arctique et le passage est surnommé le «rideau de glace».

Depuis, les relations se sont un peu apaisées. Le détroit continue de susciter l'attention des deux pays car il permet d'accéder à l'océan Arctique, qui renferme des gisements de gaz et de pétrole encore inexploités.

LE TRIANGLE DES BERMUDES

MYTHE OU RÉALITÉ ?

OCÉAN ATLANTIQUE

On ne compte plus les histoires de bateaux ou d'avions disparus sans laisser de traces, au beau milieu de l'Atlantique. Les scientifiques tentent d'expliquer ce phénomène, mais le Triangle des Bermudes garde, aujourd'hui encore, une part de mystère.

PARADIS OU ENFER ?

Avec ses plages de sable fin et ses eaux turquoise, l'archipel des Bermudes a de quoi faire rêver ! De fait, des dizaines de milliers de touristes s'y rendent chaque année.

Pourtant, cet endroit paradisiaque a pendant longtemps été appelé « l'île du diable », à cause des terribles légendes qui y sont attachées : plusieurs centaines de navires ou d'avions ont en effet disparu en mer dans ce triangle situé entre les Bermudes, la Floride et Porto Rico.

ÉTRANGES DISPARITIONS

Certains évoquent un monstre sous-marin, d'autres des enlèvements commis par des extraterrestres. D'autres encore parlent d'un tourbillon maléfique, ou bien d'une porte sous-marine menant à un autre monde... Les légendes autour du « triangle maudit » ne manquent pas !

Si elles paraissent farfelues, les accidents survenus dans cette zone sont, eux, bien réels, qu'il s'agisse d'avions de chasse de l'armée américaine, d'un gros navire marchand russe ou de simples bateaux de plaisance. Des disparitions d'autant plus curieuses que la plupart des épaves et des carcasses n'ont jamais été retrouvées.

HYPOTHÈSES SCIENTIFIQUES

Plusieurs raisons physiques peuvent expliquer les nombreux naufrages : tout d'abord, les tempêtes tropicales et les ouragans sont fréquents dans cette région. Pris dans de hautes vagues, les navires risquent d'autant plus de chavirer que les rochers qui affleurent ici et là peuvent briser leur coque.

Par ailleurs, les scientifiques ont découvert la présence d'un gaz sous-marin, le méthane, qui créerait une sorte de « trou » dans l'océan et aspirerait les bateaux vers le fond. Ce gaz pourrait aussi provoquer des turbulences dans l'air qui feraient perdre aux pilotes d'avion le contrôle de leur appareil.

MYSTÉRIEUX REQUINS

Alors que les requins-tigres nagent en général à la surface de l'eau pour chasser leurs proies, ils explorent les profondeurs du Triangle des Bermudes. Les scientifiques étudient ce comportement étonnant, sans parvenir, pour l'instant, à en comprendre vraiment les causes. Le mystère reste entier… Et continue de fasciner !

LE POINT NEMO

AU BEAU MILIEU DE NULLE PART

OCÉAN PACIFIQUE

C'est bien simple : dans cette zone éloignée de tout, il n'y a rien, à part les débris de l'espace que les agences du monde entier envoient s'échouer ici.

L'ENDROIT LE PLUS ISOLÉ DE LA PLANÈTE

Inaccessible, ou presque, le point Nemo se trouve à 2 700 kilomètres des côtes les plus proches. Et encore, ce sont celles de petites îles, elles-mêmes perdues en plein océan Pacifique… Plus qu'un point, il s'agit en réalité d'une vaste étendue d'eau, aussi grande que 40 fois la France. Ainsi, de tous côtés, l'horizon s'étend à perte de vue.

Seuls les marins expérimentés s'y aventurent lors de compétitions. Non sans craintes, car ils savent qu'en cas de problème les secours mettraient quinze jours à arriver.

UN MONSTRE TERRIFIANT

Une tête de pieuvre, un corps recouvert d'écailles, des ailes de dragon et surtout, surtout, un regard qui rend fou : d'après la légende, l'épouvantable monstre Cthulhu dormirait quelque part vers le point Nemo… en attendant de se réveiller !

Inventée à la fin du XIXe siècle par l'écrivain américain Howard Phillips Lovecraft, cette créature fantastique peu connue elle-même a pourtant inspiré de nombreux films, jeux vidéo, bandes dessinées, et même des morceaux de musique.

UN MYSTÉRIEUX CAPITAINE

Le point Nemo fait référence à Jules Verne (et pas du tout au poisson-clown de Walt Disney !) : dans son roman *Vingt mille lieues sous les mers*, l'écrivain raconte les aventures de trois naufragés capturés par le capitaine Nemo. Inventeur de génie, ce personnage a aussi un côté inquiétant : il cache sa véritable identité sous ce nom qui signifie « personne » en latin.

DÉCHARGE SPATIALE

On a coutume de dire que les êtres humains les plus proches du point Nemo sont les astronautes. En effet, la Station spatiale internationale survole régulièrement la zone, à 400 kilomètres au-dessus de la mer. C'est d'ailleurs là qu'elle doit s'échouer en 2031, comme près de 300 autres engins spatiaux : principalement des satellites, mais aussi la station Mir, qui y repose depuis 2001.

Pourquoi les envoyer ici ? Parce que ce type de manœuvres est difficile à contrôler. Au moins, en visant le point Nemo, on ne risque pas de mettre des vies en danger ni de détruire la faune et la flore, quasiment inexistantes dans ce désert océanique. Reste que ce « cimetière spatial », comme on l'appelle, est devenu une décharge en pleine mer.

LE CAP REINGA

LIEU SACRÉ DES MAORIS

NOUVELLE-ZÉLANDE

Une avancée rocheuse qui sépare deux océans agités : tel est le cap Reinga, où règne une atmosphère particulière, remplie de spiritualité et de légendes.

QUELQUES ROCHERS ET UN ARBRE SACRÉ

Dans le nord de la Nouvelle-Zélande, la côte se rétrécit pour former une pointe dont l'extrémité rocheuse plonge dans des eaux agitées : c'est là, dans ces tourbillons de courant, que se rencontrent l'océan Pacifique, à l'est, et la mer de Tasman, à l'ouest.

Sur la terre s'élèvent un phare ainsi qu'un vieux *pohutukawa* : également appelé « arbre de Noël » parce que ses fleurs rouges brillent en fin d'année, cet arbre est sacré pour les Maoris, premiers habitants de la Nouvelle-Zélande.

CONTACT VIA LES BALEINES

Isolés pendant des centaines d'années, les habitants du cap Reinga n'ont créé des liens avec d'autres continents qu'à partir du XVIIe et surtout du XVIIIe siècles : les Européens s'intéressaient alors à la région pour développer la chasse à la baleine. Aujourd'hui, le cap attire surtout des touristes : plus de 120 000 chaque année.

VOYAGE VERS L'AU-DELÀ

D'après les légendes maories, le cap Reinga constitue le point de passage des morts vers l'au-delà : les esprits se laisseraient glisser le long des racines du *pohutukawa* pour descendre dans la mer. Ils vogueraient ensuite jusqu'aux îles des Trois Rois que l'on aperçoit à l'horizon et grimperaient sur le point le plus haut de ces îles pour finalement rejoindre le pays de leurs ancêtres, Hawaiki. Ces récits mythologiques ont donné son nom au cap puisqu'en langue maorie, *reinga* désigne « l'autre monde ».

LA POINTE DU RAZ

DES AIRS DE FIN DU MONDE

FRANCE

À l'extrémité ouest de la Bretagne se dressent des falaises de granit, déchiquetées par les vagues et le vent. Telle la proue d'un navire, elles s'avancent dans la mer d'Iroise et plongent dans ses sombres légendes.

UN SITE PRÉSERVÉ

Sauvage malgré les 800 000 visiteurs qu'elle attire chaque année, la pointe du Raz est accessible par un sentier qui longe la côte découpée : au détour d'un virage, on découvre soudain ces rochers perchés à 70 mètres de haut, qui tombent à pic dans une eau tantôt d'un merveilleux turquoise, tantôt d'un gris menaçant.

DANGEREUX RAZ DE SEIN

Au large de la pointe du Raz, l'île de Sein, incroyablement plate, semble flotter sur l'eau. Huit kilomètres la séparent du continent. C'est peu, mais la navigation est délicate, car ici, les marées créent des courants d'une violence extrême ! Appelé « le raz du Sein », ce détroit est d'autant plus dangereux que des rochers dentelés se cachent juste sous la surface.

D'UNE POINTE À L'AUTRE, UNE SINISTRE LÉGENDE

Entre la pointe du Raz et la pointe du Van s'étend la baie des Trépassés. Un nom qui rappelle une bien sombre légende : on raconte en effet que de nombreux cadavres, ballotés par les flots et poussés par les vents, venaient s'échouer là. On dit même que, parfois, les chants désespérés des marins disparus résonnent dans la nuit.

LÀ OÙ FINIT LA TERRE

Issu du latin *finis terrae*, le nom Finistère signifie « la fin de la Terre », car nos ancêtres pensaient qu'il n'y avait rien au-delà. Située à l'extrémité de ce département breton, la pointe du Raz est, en quelque sorte, le bout du bout du monde !

LE DÉTROIT DE GIBRALTAR

UN CARREFOUR LÉGENDAIRE

MER MÉDITERRANÉE ET OCÉAN ATLANTIQUE

Mince frontière entre deux continents, le détroit de Gibraltar est, après la Manche, la deuxième voie maritime la plus empruntée au monde. Symbole de voyage et d'exploration, il abrite aussi diverses légendes.

QUE DE NAVIRES!

Environ 100 000 bateaux passent chaque année par le détroit de Gibraltar, soit près de 300 par jour ! Et ce n'est pas nouveau : cette voie maritime est une importante route commerciale depuis le Moyen Âge.

Pourtant, la navigation y est dangereuse : entre les vents violents et les courants opposés qui agitent ces eaux profondes, les marins ont intérêt à bien tenir la barre.

AU CROISEMENT DE DEUX MONDES

Au point le plus étroit, seuls 14 kilomètres séparent l'Europe et l'Afrique : le détroit de Gibraltar est bordé d'un côté par l'Espagne, de l'autre par le Maroc. Quant à la ville de Gibraltar, elle appartient au Royaume-Uni : un véritable puzzle !

TRAVERSÉE PÉRILLEUSE

Les deux continents sont tout proches, et pourtant, l'écart de richesse entre eux est immense : plongés dans la pauvreté, de nombreux Africains rêvent d'une vie meilleure en Europe. Ils tentent alors de traverser le détroit sur de fragiles embarcations ou même à la nage, au péril de leur vie.

BIODIVERSITÉ EXCEPTIONNELLE

Chouettes et alouettes, aigles et vautours, cigognes, goélands et petits pingouins… Chaque année, des dizaines de milliers d'oiseaux migrateurs font halte dans le détroit pour reprendre des forces avant de poursuivre leur long voyage. Il faut dire que les eaux y sont riches en poissons. De nombreux mammifères marins (dauphins, cachalots, baleines et orques) vivent également dans le détroit.

CRÉATION LÉGENDAIRE

Deux montagnes s'élèvent de part et d'autre du détroit : on les appelle « les colonnes d'Hercule », car, d'après la mythologie grecque, ce héros à la force surnaturelle, Hercule, aurait fendu la roche d'un coup d'épée. Et ainsi créé le détroit.

L'ATLANTIDE AU FOND DU DÉTROIT ?

Depuis deux mille ans, la légende de l'Atlantide, cette mystérieuse cité engloutie dans l'océan, interroge : et si cette île avait vraiment existé ? Aujourd'hui encore, les chercheurs mènent l'enquête. Certains pensent qu'elle a disparu au niveau du détroit de Gibraltar, mais rien n'a été prouvé !

LE DÉTROIT DE MESSINE

UN LIEU PEUPLÉ DE CRÉATURES FANTASTIQUES

ITALIE

Chaque jour, des dizaines de ferrys traversent les quelques kilomètres qui séparent l'Italie continentale de la Sicile. Des traversées devenues banales sur un détroit longtemps considéré comme maléfique.

COURANTS ET MARÉES

Tiraillé entre les mers Tyrrhénienne et Ionienne, le détroit de Messine est soumis à des courants contraires, des marées et des vents parfois violents. Si ces phénomènes n'inquiètent plus les marins, ils ont alimenté diverses légendes.

MONSTRES MARINS

Il y a 2 700 ans, le poète grec Homère raconte dans *L'Odyssée* les aventures d'Ulysse qui cherche à rentrer chez lui après la guerre de Troie. Cependant, les obstacles sont nombreux. À l'entrée du détroit de Messine, les sirènes l'attendent : mi-femmes, mi-oiseaux, elles chantent pour envoûter les marins et faire chavirer leurs navires. Attaché à un mat, Ulysse leur résiste. Mais ce n'est pas fini ! Un peu plus loin, le voilà confronté à Charybde et Scylla : deux monstres qui, dit-on, engloutissent les bateaux. En réalité, seuls des tourbillons secouent le détroit. Ulysse passe, la légende reste.

SORCIÈRE FATALE

Est-ce un bateau qui flotte au-dessus de la mer ? Non, c'est juste une illusion d'optique ! On l'appelle *fata Morgana* ou « fée Morgane », car, selon une croyance ancienne, cette sorcière entraînerait les marins au large pour leur donner la mort.

LES DARDANELLES

DE BIEN SOMBRES HISTOIRES

MER ÉGÉE ET MER DE MARMARA

Passage maritime entre l'Europe et l'Asie, le détroit des Dardanelles a été le théâtre d'histoires tragiques, réelles et légendaires.

ÉPAVES SOUS-MARINES

Plus d'un siècle après la fameuse bataille des Dardanelles, les épaves de 14 navires de guerre coulés dans le détroit sont toujours là, au fond de l'eau. En 2021, la Turquie a ouvert un musée sous-marin qui permet à des visiteurs d'aller les observer : une véritable plongée dans l'histoire.

LE DÉTROIT DES AMOUREUX

Dans la mythologie grecque, le détroit des Dardanelles est au centre d'une histoire d'amour malheureuse : toutes les nuits, Léandre traverse à la nage le petit bras de mer qui le sépare de sa bien-aimée, Héro. Mais un soir de tempête, la lampe qui le guide d'habitude s'éteint et le jeune homme se noie. Désespérée, Héro se jette dans la mer où elle meurt elle aussi.

BATAILLE DRAMATIQUE

Au début de la Première Guerre mondiale, Français et Britanniques organisent une expédition pour remonter le détroit des Dardanelles et conquérir Constantinople (l'ancien nom d'Istanbul, capitale de la Turquie). Leur objectif : ouvrir une voie maritime pour ravitailler la Russie. Cependant, les troupes ennemies se défendent mieux que prévu, si bien que les Alliés doivent finalement évacuer la zone, après presque dix mois de combats. L'expédition est un échec et, dans chaque camp, les morts sont nombreux : au total, plus de 100 000 soldats perdent la vie dans ce que l'on appelle désormais « l'enfer des Dardanelles ».

LE DÉTROIT DU BOSPHORE

UN DÉTROIT ENTRE DEUX MONDES

MER NOIRE ET MER DE MARMARA

Symbole d'Istanbul, la capitale de la Turquie, le Bosphore est un trait d'union qui relie deux mers, deux continents et deux cultures.

UNE CIRCULATION SOUS SURVEILLANCE

Avec plus de 50 000 bateaux qui y passent chaque année, on peut dire qu'il y a du monde sur le Bosphore ! Pour limiter les accidents, le détroit est très surveillé et la navigation suit des règles strictes.

UNE VILLE ENTRE DEUX RIVES

Un pied en Europe, l'autre en Asie : bâtie de part et d'autre du Bosphore, la ville d'Istanbul relie les deux continents. Le bateau est le moyen le plus rapide, et le plus ancien, de traverser le détroit, mais trois ponts suspendus permettent aujourd'hui aux voitures d'aller d'une rive à l'autre.

Un tunnel a également été creusé sous le Bosphore. Ouverte en 2016, cette impressionnante autoroute à deux étages descend à plus de 100 mètres sous le niveau de la mer et porte un nom symbolique : Eurasia.

UN DÉTROIT PLUS OU MOINS SALÉ

Deux courants rapides parcourent le Bosphore, chacun dans un sens. Cette bizarrerie s'explique par le fait que des eaux différentes y circulent sans se mélanger : celles, assez douces, de la mer Noire restent en surface, tandis que celles, deux fois plus salées, de la Méditerranée créent un mouvement de fond dans la direction opposée.

UN NOM VACHE !

En grec, *bosphore* signifie « passage d'une vache » et certains disent que ce nom vient d'un épisode célèbre de la mythologie grecque : amoureux d'une jeune femme mortelle, Io, le tout-puissant Zeus la transforme en vache pour échapper à la jalousie de son épouse, Héra. Furieuse, la déesse envoie alors un taon à la poursuite de la vache, obligeant celle-ci à traverser le détroit à la nage.

DÉLUGE SUR LE BOSPHORE

D'après des études scientifiques récentes, le détroit du Bosphore aurait été ouvert il y a 7 500 ans : les glaciers auraient fondu de façon si brutale que la mer Méditerranée aurait débordé. Des torrents d'eau se seraient alors déversés, remplissant la mer Noire.

Les chercheurs pensent que ces gigantesques inondations sont à l'origine du mythe religieux du Déluge : la Bible raconte en effet que Dieu, en colère contre les humains, envoie de violentes pluies sur Terre pour les noyer. Il ne sauve que Noé, sa famille et deux animaux de chaque espèce qui embarquent tous sur un bateau : l'arche de Noé.